BEI GRIN MACHT SICH IHR WISSEN BEZAHLT

- Wir veröffentlichen Ihre Hausarbeit,
  Bachelor- und Masterarbeit

- Ihr eigenes eBook und Buch -
  weltweit in allen wichtigen Shops

- Verdienen Sie an jedem Verkauf

Jetzt bei www.GRIN.com hochladen und kostenlos publizieren

GRIN

Qualitätsanalyse des Microsoft Bot Builder SDKs

GRIN

Bibliografische Information der Deutschen Nationalbibliothek:

Die Deutsche Nationalbibliothek verzeichnet diese Publikation in der Deutschen Nationalbibliografie; detaillierte bibliografische Daten sind im Internet über http://dnb.d-nb.de abrufbar.

ISBN: 9783346791115
Dieses Buch ist auch als E-Book erhältlich.

Druck und Bindung: Books on Demand GmbH, Norderstedt Germany
Gedruckt auf säurefreiem Papier aus verantwortungsvollen Quellen

Das vorliegende Werk wurde sorgfältig erarbeitet. Dennoch übernehmen Autoren und Verlag für die Richtigkeit von Angaben, Hinweisen, Links und Ratschlägen sowie eventuelle Druckfehler keine Haftung.

Das Buch bei GRIN: https://www.grin.com/document/1313325

Qualitätsanalyse des Microsoft Bot Builder SDKs

Abstract. Geräte, die durch Software gesteuert werden, sind heute Teil unseres Alltags. Umso wichtiger ist es, die Qualität der Software beurteilen und gewährleisten zu können. In dieser Qualitätsanalyse wird die Qualität des Microsoft Bot Builder SDKs anhand der Qualitätsaspekte Wartbarkeit, Zuverlässigkeit und Portabilität untersucht. Als Qualitätsmodell wird die Goal-Question-Metric-Methode in Verbindung mit den Qualitätsmerkmalen nach ISO 25010 verwendet. Zur Ermittlung der Metrikwerte werden die Werkzeuge NDepend, ReSharper und Visual Studio verwendet. Neben dem Quellcode werden auch die Issues im zugehörigen GitHub-Repository berücksichtigt. Die gemessenen Metrikwerte werden normalisiert und aggregiert. Die Qualitätsanalyse zeigt, dass das Microsoft Bot Builder SDK eine gute bis sehr gute Qualität aufweist. Lediglich im Bereich der Unittests, der Clone Coverage und der zu hohen Abhängigkeit zwischen den Klassen sind einzelne Schwächen zu erkennen.

Keywords: Softwarequalität, Microsoft Bot Builder SDK, GQM-Methode, ISO 25010, Wartbarkeit, Zuverlässigkeit, Portabilität.

Inhalt

1 Einleitung 1

2 Beschreibung des begutachteten Systems 1

3 Verwendetes Qualitätsmodell 2

   3.1 Qualitätsmerkmale nach ISO 25010 2

   3.2 GQM-Methode 3

4 Verwendete Metriken zur Bewertung der Wartbarkeit 4

   4.1 Metriken zur Bewertung der Modularität 4

   4.2 Metriken zur Bewertung der Wiederverwendbarkeit 5

   4.3 Metriken zur Bewertung der Analysierbarkeit 6

   4.4 Metriken zur Bewertung der Änderbarkeit 6

   4.5 Metriken zur Bewertung der Testbarkeit 7

5 Verwendete Metriken zur Bewertung der Zuverlässigkeit 8

   5.1 Metriken zur Bewertung der Reife 8

   5.2 Metriken zur Bewertung der Verfügbarkeit 9

   5.3 Metriken zur Bewertung der Fehlertoleranz 10

   5.4 Metriken zur Bewertung der Wiederherstellbarkeit 10

6 Verwendete Metriken zur Bewertung der Portabilität 11

   6.1 Metriken zur Bewertung der Anpassungsfähigkeit 11

   6.2 Metriken zur Bewertung der Installierbarkeit 11

   6.3 Metriken zur Bewertung der Austauschbarkeit 12

7 Messung der Metriken und Aggregation 12

   7.1 Eingesetzte Werkzeuge und Techniken 12

   7.2 Gemessene Werte und Normalisierung der Werte 14

8 Aggregation und Analyse 17

9 Zusammenfassung der Ergebnisse 20

10   Verbesserungsvorschläge 21

11 Fazit 22

Referenzen 23

1 Einleitung

Softwaregesteuerte Geräte sind heute aus dem Alltag nicht mehr wegzudenken. Spricht man von Softwarequalität, denken viele Anwender an Programmabstürze, schwer zu bedienende Benutzeroberflächen oder spektakuläre Unfälle wie beispielsweise der der Ariane 5 auf ihrem Jungfernflug 1996 [6]. Doch auch andere Aspekte wie die Wartbarkeit oder die Portabilität der Software sind Bestandteile der Softwarequalität [4].

In dieser Qualitätsanalyse wird die Qualität der 3. Version des Microsoft Bot Builder SDKs für C# anhand der Qualitätsaspekte Wartbarkeit, Zuverlässigkeit und Portabilität untersucht. Die Qualitätsanalyse bezieht sich auf den Stand des GitHub-Repositories[1] vom 20.05.2018. Das SDK für Node.js ist nicht Teil dieser Analyse.

Die Qualitätsanalyse ist wie folgt aufgebaut: Nach einer kurzen Beschreibung des begutachteten Systems in Abschnitt 2 wird in Abschnitt 3 das verwendete Qualitätsmodell erläutert. In den Abschnitten 4, 5 und 6 folgt die Vorstellung der verwendeten Metriken zur Bewertung der Wartbarkeit, der Zuverlässigkeit und der Portabilität. In Abschnitt 7 werden die gemessenen Metrikwerte, deren Normalisierung und die dazu genutzten Werkzeuge vorgestellt. In Abschnitt 8 wird die Aggregation der normalisierten Metrikwerte beschrieben und die Ergebnisse analysiert. Danach werden die Ergebnisse in Abschnitt 9 zusammengefasst, bevor in Abschnitt 10 Vorschläge zur Verbesserung der Qualität gemacht werden. Das Fazit in Abschnitt 11 schließt die Qualitätsanalyse ab.

2 Beschreibung des begutachteten Systems

Das Microsoft Bot Builder SDK ermöglicht es Entwicklern, eigene Chatbots zu erstellen. Diese Chatbots können auf Webseiten, in Apps, in Skype, in Slack und in anderen Diensten eingebunden werden. Dabei kommuniziert der Chatbot frei mit dem Anwender. Alternativ kann dem Anwender auch die Möglichkeit gegeben werden, aus vorgegebenen Antworten auszuwählen [12].

Microsoft verspricht, dass der Chatbot auf eine natürliche Art und Weise mit dem Benutzer kommuniziert. Die Antworten des Bots können entweder aus reinem Text, aus Bildern oder aus Auswahlvorschlägen bestehen [12].

---

[1] https://github.com/Microsoft/BotBuilder/

Die zukünftige 4. Version des Microsoft Bot Builder SDKs unterstützt JavaScript, Python, Java und .NET. Die aktuelle Version 3, die Microsoft für den produktiven Einsatz empfiehlt, unterstützt C# und Node.js. Das Microsoft Bot Builder SDK steht unter der MIT-Lizenz [12].

3 Verwendetes Qualitätsmodell

Als Qualitätsmodell wird die in der Vorlesung vorgestellte Goal-Question-Metric-Methode (GQM) [1] in Verbindung mit den Qualitätsmerkmalen nach ISO 25010 [4] verwendet. Die GQM-Methode und die Qualitätsmerkmalen nach ISO 25010 werden in den folgenden beiden Abschnitten erläutert.

3.1 Qualitätsmerkmale nach ISO 25010

Nach ISO 25010 [4] besteht Softwarequalität aus den folgenden acht Merkmalen:

1. Funktionalität
2. Effizienz
3. Kompatibilität
4. Benutzbarkeit
5. Zuverlässigkeit
6. Sicherheit
7. Wartbarkeit
8. Portabilität

Die in diese Qualitätsanalyse untersuchten Qualitätsaspekte Wartbarkeit, Zuverlässigkeit und Portabilität haben folgende Unterkategorien [4]:

Wartbarkeit

1. Modularität
2. Wiederverwendbarkeit
3. Analysierbarkeit
4. Änderbarkeit
5. Testbarkeit

Zuverlässigkeit

1. Reife
2. Verfügbarkeit
3. Fehlertoleranz
4. Wiederherstellbarkeit

Portabilität

1. Anpassungsfähigkeit
2. Installierbarkeit
3. Austauschbarkeit

3.2 GQM-Methode

Die GQM-Methode [1] ist ein hierarchisches Modell mit den in Abbildung 1 dargestellten drei Ebenen. Zunächst wird auf der konzeptuellen Ebene das Ziel definiert. Ein Ziel hat einen bestimmten Zweck (z. B. etwas bewerten), bezieht sich auf ein bestimmtes Objekt, setzt einen Fokus (z. B. auf ein Qualitätsaspekt) und legt den Blickwinkel fest. Auf der operationalen Ebene werden anschließend Fragen zu dem Ziel formuliert. Dann werden den Fragen auf der quantitativen Ebene Metriken zugeordnet, die zur Beantwortung der Fragen dienen sollen.

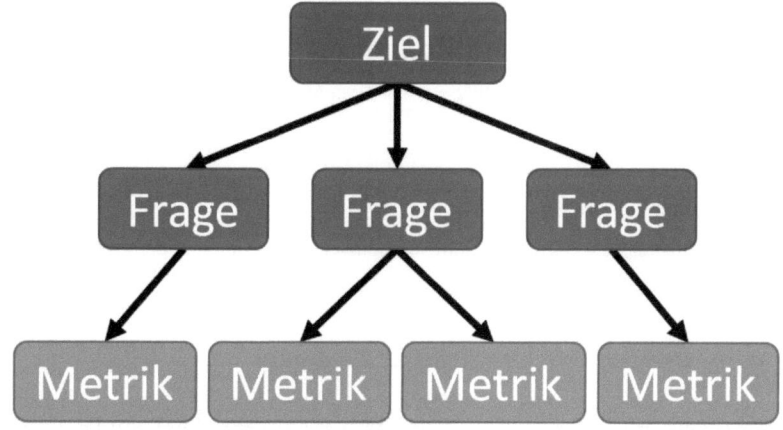

Abbildung 1. Die Goal-Question-Metric-Methode.

Wartbarkeit

Für den zu untersuchenden Qualitätsaspekt *Wartbarkeit* lässt sich gemäß der GQM-Methode folgendes Ziel formulieren: *Bewertung der Wartbarkeit des Microsoft Bot Builder SDKs aus der Sicht eines Softwareentwicklers.*

Aus den Unterkategorien des Qualitätsaspekts *Wartbarkeit* in der ISO 25010 können folgende Fragen abgeleitet werden:

1. Wie modular ist der Code aufgebaut?
2. Wie gut können die einzelnen Codebestandteile wiederverwendet werden?

3

3. Wie gut lässt sich der Code analysieren?

4. Wie aufwändig ist es, Änderungen am Code vorzunehmen?

5. Wie gut lässt sich der Code testen?

Zuverlässigkeit

Für den Qualitätsaspekt *Zuverlässigkeit* lässt sich folgendes Ziel formulieren: *Bewertung der Zuverlässigkeit des Microsoft Bot Builder SDKs aus der Sicht eines Softwareentwicklers.*

Aus den Unterkategorien des Qualitätsaspekts *Zuverlässigkeit* in der ISO 25010 können folgende Fragen abgeleitet werden:

1. Wie gut ist die Software ausgereift?

2. Wie hoch ist die Verfügbarkeit der Software?

3. Kann die Software trotz Hardware- oder Softwarefehlern weiterarbeiten?

4. Wie gut können die Daten nach einem Ausfall wiederhergestellt werden?

Portabilität

Für den Qualitätsaspekt *Portabilität* lässt sich folgendes Ziel formulieren: *Bewertung der Portabilität des Microsoft Bot Builder SDKs aus der Sicht eines Softwareentwicklers.*

Aus den Unterkategorien des Qualitätsaspekts *Portabilität* in der ISO 25010 können folgende Fragen abgeleitet werden:

1. Wie gut kann die Software an veränderte Anforderungen oder an eine andere Umgebung angepasst werden?

2. Wie gut kann die Software in einer bestimmten Umgebung installiert werden?

3. Wie gut lässt sich die Software gegen eine andere Software austauschen?

4 Verwendete Metriken zur Bewertung der Wartbarkeit

In diesem Abschnitt werden die Metriken vorgestellt, anhand derer die Fragen zur Wartbarkeit aus Abschnitt 3 beantwortet werden.

4.1 Metriken zur Bewertung der Modularität

Wie modular der Code aufgebaut ist, zeigt sich an der Länge der einzelnen Methoden, der Kohäsion und der Clone Coverage. Sind die Methoden sehr lange, ist das ein Hinweis darauf, dass die Methoden weiter aufgeteilt werden können und der Code somit nicht sehr modular aufgeteilt ist. Finden sich im Code Klone, bedeutet dass, das dieselbe Funktion an mehreren Stellen implementiert wurde, anstatt den gemeinsamen Code in eine Methode (Modul) auszulagern. Der Code ist in diesem Fall nicht modular aufgebaut. Zur Beantwortung der Frage *Wie modular ist der Code aufgebaut?* kommen daher die folgenden Metriken in Betracht:

- **Statements per Method**

  SPM = Anzahl der Anweisungen pro Methode

  Wertebereich: $[0; \infty]$

  SPM sollte kleiner als 100 sein [16].

- **Lack of cohesion of methods [16]**

  $$LCOM = 1 - \frac{sum(MF)}{M \times F}$$

  M bezeichnet die Anzahl der Methoden der Klasse

  F bezeichnet die Anzahl der Felder der Klasse

  MF bezeichnet die Anzahl der Methoden der Klasse, die auf ein bestimmtes Feld zugreifen

  Mit sum(MF) ist die Summe von MF über alle Felder der Klasse gemeint

  Wertebereich: $[0; 1]$

  LCOM sollte kleiner als 0,8 sein [16].

- **Clone Coverage**

  $$CC = \frac{\#Geklonte\ Anweisungen}{\#Anweisungen}$$

  Wertebereich: $[0; 1]$

  Es werden nur Methoden berücksichtigt, die mindestens 10 Anweisungen lang sind [15].

  Die Clone Coverage sollte so gering wie möglich sein. Sie liegt typischerweise zwischen 5 % und 15 % [3].

4.2 Metriken zur Bewertung der Wiederverwendbarkeit

Die einzelnen Codebestandteile sind dann gut wiederverwendbar, wenn der Code gut kommentiert ist und wenn jede Klasse eine Einheit bildet, die jeweils für eine Aufgabe zuständig ist (Kohäsion). Zur Beantwortung der Frage *Wie gut können die einzelnen Codebestandteile wiederverwendet werden?* kommen daher die folgenden beiden Metriken in Betracht:

- **Comment Density**

$$CD = \frac{\#Kommentarzeilen}{\#Kommentarzeilen + \#Codezeilen}$$

  Wertebereich: [0; 1]

  CD sollte zwischen 20 % und 40 % liegen [16].

- **Lack of cohesion of methods**

  Erklärung bei Modularität

4.3 Metriken zur Bewertung der Analysierbarkeit

Die Analysierbarkeit des Codes hängt davon ab, wie stark die Klassen voneinander abhängen. Gibt es zu viele Abhängigkeiten zwischen den Klassen, ist der Code schwer analysierbar. Auch die Höhe des Ableitungsbaums beeinflusst die Analysierbarkeit. Zur Beantwortung der Frage *Wie gut lässt sich der Code analysieren?* kommen daher die folgenden beiden Metriken in Betracht:

- **Coupling between objects**

  $CBO = Anzahl\ der\ anderen\ Klassen, die\ die\ Klasse\ nutzt$

  Wertebereich: [0; ∞]

  Im Code Metrics Viewer von Visual Studio werden Werte bis 10 als gut, Werte bis 80 als ausreichend und Werte über 80 als kritisch eingestuft [2].

- **Depth of inheritance tree**

  $DIT = Anzahl\ der\ Basisklassen$

  Wertebereich: [0; ∞]

  Im Code Metrics Viewer von Visual Studio werden Werte bis 2 als gut, Werte bis 4 als ausreichend und Werte über 4 als kritisch eingestuft [2].

4.4 Metriken zur Bewertung der Änderbarkeit

Wie aufwändig es ist, Änderungen am Code vorzunehmen, hängt von der Struktur des Codes ab. Sind die Methoden sehr lang, ist es schwerer die zu ändernden Zeilen zu identifizieren.

Außerdem erschwert eine hohe Anzahl von Methoden pro Klasse die Änderbarkeit, da zunächst die Semantik der einzelnen Methoden untersucht werden muss. Ein hoher Ableitungsbaum oder eine schlechte Kohäsion wirkt sich zudem schlecht auf die Änderbarkeit aus. Enthält der Code Klone, müssen mehrere Codestellen geändert werden. Außerdem müssen die Klone zunächst gefunden werden. Zur Beantwortung der Frage *Wie aufwändig ist es, Änderungen am Code vorzunehmen?* kommen daher die folgenden Metriken in Betracht:

- **Methods per class**

  $MPC = Anzahl\ der\ Methoden\ pro\ Klasse$

  Wertebereich: $[0; \infty]$

  MPC sollte kleiner als 20 sein [16].

- **Statements per Method**

  Erklärung bei Modularität

- **Lack of cohesion of methods**

  Erklärung bei Modularität

- **Depth of inheritance tree**

  Erklärung bei Analysierbarkeit

- **Clone Coverag**

- Erklärung bei Modularität

4.5 Metriken zur Bewertung der Testbarkeit

Wie gut der Code getestet werden kann, hängt von der Anzahl der Felder und der Anzahl der Methoden, die eine Klasse hat, ab. Außerdem ist es schwerer, lange Methoden mit Unittests zu testen, da diese mehr Verzweigungen enthalten und es somit mehr Kombinationen gibt, die getestet werden müssen. Zur Beantwortung der Frage *Wie gut lässt sich der Code testen?* kommen daher die folgenden Metriken in Betracht:

- **Methods per class**

  Erklärung bei Änderbarkeit

- **Fields per class**

$$FPC = Anzahl\ der\ Felder\ pro\ Klasse$$

Wertebereich: $[0; \infty]$

FPC sollte kleiner als 20 sein [16].

- **Statements per Method**

Erklärung bei Modularität

5 Verwendete Metriken zur Bewertung der Zuverlässigkeit

In diesem Abschnitt werden die Metriken vorgestellt, anhand derer die Fragen zur Zuverlässigkeit aus Abschnitt 3 beantwortet werden.

5.1 Metriken zur Bewertung der Reife

Die Software ist dann gut ausgreift, wenn sie unter normalen Betriebsbedingungen zuverlässig, d. h. ohne Fehler arbeitet [4]. Dies kann durch den Einsatz von Unittests sichergestellt werden. Je höher die Testüberdeckung, desto geringer ist die Wahrscheinlichkeit, dass es im produktiven Einsatz zu einem Fehler kommt. Enthält die Software viele Bugs, ist sie nicht ausgereift. Eine hohe Anzahl an Codeklonen beeinflusst die Reife zudem negativ, da bei Änderungen auch die Klone geändert werden müssen, was jedoch übersehen werden kann. Zur Beantwortung der Frage *Wie gut ist die Software ausgereift?* kommen daher die folgenden Metriken in Betracht:

- **Test coverage**

$$TC = \frac{\#Durch\ Unittests\ abgedeckte\ Anweisungen}{\#Anweisungen}$$

Wertebereich: $[0; 1]$

TC sollte so hoch wie möglich sein. Sie liegt typtischerweise zwischen 60 % und 90 % [3].

- **Percentage of passed tests**

$$PPT = \frac{\#Erfolgreiche\ Unittests}{\#Unittests}$$

Wertebereich: $[0; 1]$

PPT sollte 1 sein.

- **Open bugs per KLOC**

$$OB = Anzahl\ offener\ Bugs\ pro\ 1000\ Zeilen\ Code$$

Wertebereich: $[0; \infty]$

OB sollte so gering wie möglich sein. McConnell [7] nennt 15 bis 50 Bugs pro 1000 Zeilen Code als Durchschnitt in der Industrie.

- **Clone Coverage**

Erklärung bei Modularität

5.2 Metriken zur Bewertung der Verfügbarkeit

Unter der Verfügbarkeit einer Software versteht man die Wahrscheinlichkeit, dass die Software zu einem bestimmten Zeitpunkt bestimmte Anforderungen erfüllt [4]. Neben externen Faktoren wie Hardware, Betriebssystem oder dem Vorhandensein einer Internetverbindung hängt die Verfügbarkeit auch von der fehlerfreien Arbeit der Software unter normalen Betriebsbedingungen ab. Daher kommen zur Beantwortung der Frage *Wie hoch ist die Verfügbarkeit der Software?* die gleichen Metriken wie bei der Reife in Betracht. Externe Faktoren wie Hardware und Betriebssystem, die von der Software nicht beeinflusst werden können, werden nicht betrachtet.

- **Test coverage**

Erklärung bei Reife

- **Percentage of passed tests**

Erklärung bei Reife

- **Open bugs**

Erklärung bei Reife

9

- **Clone Coverage**

  Erklärung bei Modularität

5.3 Metriken zur Bewertung der Fehlertoleranz

Ob die Software trotz Fehlern weiterarbeiten kann, hängt davon ab, ob bestimmte Fehler, z. B. das Nichtvorhandensein einer benötigten Datei oder eine unerwartete Benutzereingabe, bei der Implementierung berücksichtigt wurden. Das lässt sich beispielsweise daran erkennen, ob Ausnahmen, die durch diese Fehler ausgelöst werden, abgefangen werden. Außerdem beeinflusst eine gute Testabdeckung die Fehlertoleranz positiv, da mithilfe der Unittests potentielle Fehler gefunden werden können. Zur Beantwortung der Frage *Kann die Software trotz Hardware- oder Softwarefehlern weiterarbeiten?* kommen daher die folgenden Metriken in Betracht:

- **Possible NullReferenceExceptions**

$$PNRE = \frac{\#Mögliche\ NullReferenceExceptions}{\#Mögl.\ NullReferenceExceptions + \#Prüfungen\ ob\ null}$$

  Wertebereich: [0; 1]

  PNRE sollte so gering wie möglich sein.

- **Empty catch clause**

$$ECC = \frac{\#Leere\ catch\ Blöcke}{\#catch\ Blöcke}$$

  Wertebereich: [0; 1]

  ECC sollte so gering wie möglich sein.

- **Test coverage**

  Erklärung bei Reife

5.4 Metriken zur Bewertung der Wiederherstellbarkeit

Die Wiederherstellbarkeit der Daten nach einem Fehler hängt vor allem davon ab, ob die Daten gesichert werden. Dazu können z. B. Logdateien verwendet werden. Zur Beantwortung der Frage *Wie gut können die Daten nach einem Ausfall wiederhergestellt werden?* kommt daher folgende Metrik in Betracht:

- **Log files**

$$LOG = 1, wenn\ Logdateien\ geschrieben\ werden, 0\ sonst$$

Wertebereich: {0; 1}

LOG sollte 1sein.

6 Verwendete Metriken zur Bewertung der Portabilität

In diesem Abschnitt werden die Metriken vorgestellt, anhand derer die Fragen zur Portabilität aus Abschnitt 3 beantwortet werden. Im Gegensatz zur Wartbarkeit und zur Zuverlässigkeit können diese Metriken nicht mithilfe von Analysewerkzeugen berechnet werden. Stattdessen müssen die Metriken manuell eingeschätzt und begründet werden.

6.1 Metriken zur Bewertung der Anpassungsfähigkeit

Die Anpassungsfähigkeit der Software hängt davon ab, wie gut sie an veränderte Anforderungen, Betriebssystemänderungen oder eine veränderte Umgebung abgepasst werden kann [4]. Ist es möglich und erlaubt, Änderungen am Code vorzunehmen, beeinflusst das die Anpassungsfähigkeit positiv. Ist die Software auf ein bestimmtes Betriebssystem oder eine bestimmte Cloud-Umgebung festgelegt, ist sie weniger anpassungsfähig auf Änderungen bezüglich des Betriebssystems oder der Umgebung. Auch eine gute Lokalisierbarkeit der Software (Anpassung an unterschiedliche Sprachen) wirkt sich positiv auf die Anpassungsfähigkeit aus. Die Frage *Wie gut kann die Software an veränderte Anforderungen oder an eine andere Umgebung angepasst werden?* lässt sich daher anhand folgender Metriken beantworten:

- **Possibility of code changes (PCC)**
- **Operating system and environment requirements (OSER)**
- **Localizability (LOCA)**

6.2 Metriken zur Bewertung der Installierbarkeit

Die Installierbarkeit der Software beschreibt, wie einfach es ist, die Software erfolgreich zu installieren [4]. Gibt es eine Installationsanleitung oder einen Installationsassistenten, beeinflusst das die Installierbarkeit positiv. Auch die Voraussetzungen für die Installation wie z. B. Anforderungen an die Hardware (benötigter Speicherplatz, Arbeitsspeicher, CPU) oder die Abhängigkeit von anderer Software spielen eine Rolle. Die Frage *Wie gut kann die Software in einer bestimmten Umgebung installiert werden?* lässt sich daher anhand folgender Metriken beantworten:

- **Availability of installation manual (AIM)**

- **Installation requirements (IR)**

6.3 Metriken zur Bewertung der Austauschbarkeit

Die Austauschbarkeit der Software hängt davon ab, wie gut Schnittstellen zu anderer Software standardisiert und dokumentiert sind [4]. Sind die Schnittstellen standardisiert und dokumentiert, ist es einfacher, die Software gegen eine andere Software auszutauschen. Dazu zählt auch das Einspielen einer neuen Version der Software. Die Frage *Wie gut lässt sich die Software gegen eine andere Software austauschen?* lässt sich daher anhand folgender Metriken beantworten:

- **Standardization and documentation of interfaces (SDI)**

- **Upgradability (UPG)**

7 Messung der Metriken und Aggregation

In diesem Abschnitt werden zunächst die Werkzeuge vorgestellt, mit denen die vorgestellten Metriken gemessen werden. Anschließend werden die gemessenen Werte und deren Normalisierung erläutert.

7.1 Eingesetzte Werkzeuge und Techniken

In diesem Abschnitt werden die Werkzeuge und Techniken erläutert, mit denen die in Abschnitt 4, 5 und 6 beschriebenen Metriken gemessen werden.

NDepend

NDepend ist ein statisches Analysewerkzeug für .NET, mit dem 85 Codemetriken gemessen und als Tree Map visualisiert werden können. Dabei aggregiert NDepend die Metriken wahlweise auf Ebene der Methoden, der Klassen oder der Namespaces. NDepend erstellt außerdem Qualitätsberichte, überwacht die Einhaltung von Architektur- und Qualitätsregeln und berechnet die Technische Schuld. Das Werkzeug kann als Erweiterung in Visual Studio oder als eigenständiges Programm verwendet werden. Neben der Vollversion für 399 € gibt es eine kostenlose Testversion für 14 Tage mit vollem Funktionsumfang [17]. Abbildung 2 zeigt die Metrik *Lack of Cohesion of Methods* als TreeMap in NDepend.

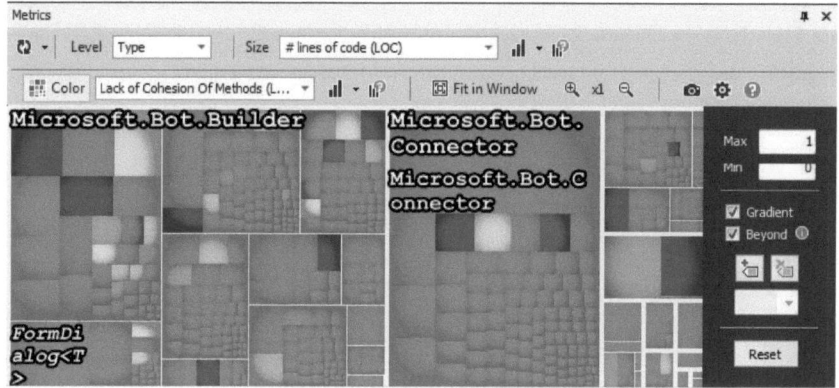

Abbildung 2. NDepend zeigt die Metriken als Tree Map an. Im oberen Bereich des Fensters kann die Metrik gewählt werden, die die Größe der Kästchen bestimmt sowie die Ebene, auf der die Metriken aggregiert werden sollen. Darunter kann die Metrik ausgewählt werden, die die Farbe der Kästchen bestimmt.

ReSharper

ReSharper von JetBrains ist eine Erweiterung für Visual Studio zur Code-Analyse. Es überwacht die Einhaltung von vorgegebenen oder selbsterstellten Regeln und bietet Refactoring-Möglichkeiten an, um den Code zu verbessern. JetBrains bietet ReSharper als Vollversion oder als kostenlose Testversion für 30 Tage an. Studenten erhalten ReSharper kostenlos [5].

Codemetrikwerte in Visual Studio

Visual Studio enthält eine eigene Funktion zur Berechnung von Codemetriken. Der Wartbarkeitsindex, die zyklomatische Komplexität, die Vererbungstiefe, die Klassenkopplung und die Anzahl der Codezeilen können für die gesamte Projektmappe, ein einzelnes Projekt oder eine einzelne Klasse berechnet werden. Außerdem kann Visual Studio die Testabdeckung und die Code Coverage berechnen [14].

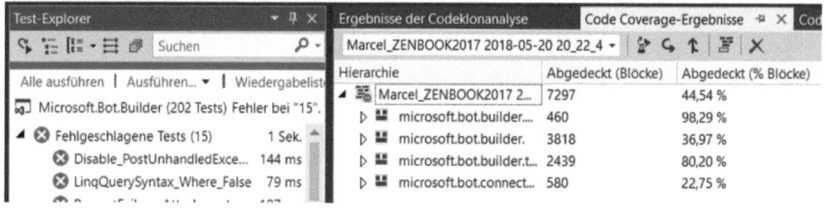

Abbildung 3. Im Fenster *Code Coverage-Ergebnisse* (rechts) zeigt Visual Studio die Testabdeckung an. Im *Test-Explorer* (links) werden die durchgeführten Unittests ausgelistet.

Analyse des GitHub Repositories

Zur Ermittlung der Qualität kann auch das öffentlich zugängliche GitHub-Repository[2] verwendet werden. Neben dem Quellcode und der Projektbeschreibung sind hier auch die offenen und bearbeiteten Issues aufgeführt.

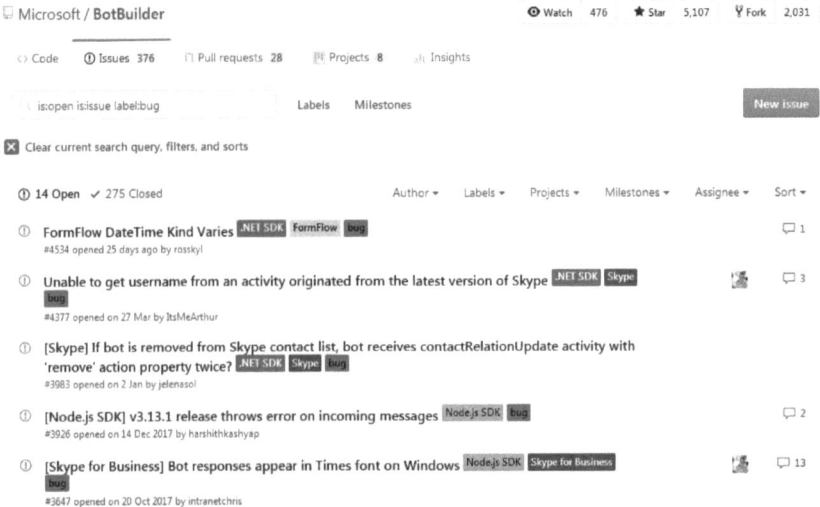

Abbildung 4. GitHub zeigt unter dem Reiter *Issues* die offenen Issues an. Unter *Labels* können die Issues gefiltert werden. So können z. B. nur Issues mit dem Label *Bug* angezeigt werden.

7.2 Gemessene Werte und Normalisierung der Werte

In diesem Abschnitt werden die in Abschnitt 4, 5 und 6 beschriebenen Metriken mit den in Abschnitt 7.1 vorgestellten Werkzeugen gemessen und anschließend normalisiert. Zur Messung der Metriken wurden die Standardeinstellungen der Werkzeuge verwendet. Die Normalisierung ist notwendig, um die Metrikwerte auf die gleiche Skala zu bringen und so miteinander vergleichen zu können. Dazu wird eine Skala von 0,0 bis 1,0 gewählt. 0 ist der schlechteste Wert und bedeutet, dass der Zielwert der Metrik nicht erreicht wurde. 1 ist der beste Wert und bedeutet, dass der Zielwert der Metrik voll erreicht wurde.

Tabelle 1 stellt die gemessenen Metrikwerte und deren Normalisierung dar. Die Normalisierungsfunktionen der Metriken wurden entsprechend der Zielwerte der Metriken gewählt. Die Zielwerte der Metriken sind in den Abschnitten 4, 5 und 6 beschrieben. Das vertikale Li-

---

[2] https://github.com/Microsoft/BotBuilder/

niendiagramm in der letzten Spalte hilft, Metriken mit besonders guten und besonders schlechten Werten zu identifizieren.

Die Metriken 1 bis 10 wurden mit NDepend und Visual Studio ermittelt. Abbildung 2 zeigt die Metrik *Lack of cohesion of methods* auf der Ebene Typ farbig an. Die Größe der Kästchen wird durch die Metrik *Lines of code* bestimmt. In Abbildung 3 sind die Code-Coverage-Ergebnisse und die fehlgeschlagenen Tests von Visual Studio zu sehen. Von 202 Tests sind 15 fehlgeschlagen und 2 ignoriert worden. Somit waren nur 91,6 % der Unittests erfolgreich.

Tabelle 1. Gemessene Metrikwerte und deren Normalisierung.

Nr.	Kürzel	Metrik	gemessener Wert und Werkzeug	Normalisierungsfunktion	normalisierter Wert	
					0,0 0,5 1,0	
1	SPM	Statements per Me-	30,7 (NDepend)	$f(x) = 1 - \frac{x}{100}$	0,693	
2	LCO	Lack of cohesion of	0,312 (NDepend)	$f(x) = 1 - x$	0,688	
3	CC	Clone Coverage	0,368 (Visual	$f(x) = 1 - x$	0,632	
4	CD	Comment Density	0,507 (NDepend)	$f(x)$	0,704	
5	CBO	Coupling between	46,222 (NDe-	$f(x) = 1 - \frac{x}{80}$	0,422	
6	DIT	Depth of inheritance	1,281 (NDepend)	$f(x) = 1 - \frac{x}{4}$	0,680	
7	MPC	Methods per class	5,833 (NDepend)	$f(x) = 1 - \frac{x}{20}$	0,708	
8	FPC	Fields per class	2,280 (NDepend)	$f(x) = 1 - \frac{x}{20}$	0,886	
9	TC	Test coverage	0,445 (Visual	$f(x) = x$	0,445	
1	PPT	Percentage of passed	0,916 (Visual	$f(x) = 1, wenn\ x$	0,000	
1	OB	Open bugs per KLOC	1,181 (GitHub)	$f(x) = 1 - \frac{x}{50}$	0,976	
1	PNR	Possible NullRefe-	0,073 (ReShar-	$f(x) = 1 - x$	0,927	
1	ECC	Empty catch clause	0,040 (ReShar-	$f(x) = 1 - x$	0,960	
1	LOG	Log files	1,000 (ReShar-	$f(x) = x$	1,000	
1	PCC	Possibility of code	1,000 (manuell)	$f(x) = x$	1,000	
1	OSE	Operating system and	0,666 (manuell)	$f(x) = x$	0,666	
1	LOC	Localizability	0,800 (manuell)	$f(x) = x$	0,800	
1	AIM	Availability of instal-	1,000 (manuell)	$f(x) = x$	1,000	
1	IR	Installation require-	1,000 (manuell)	$f(x) = x$	1,000	

2	SDI	Standardization and	1,000 (manuell)	$f(x) = x$	1,000
2 1	UPG	Upgradability	1,000 (manuell)	$f(x) = x$	1,000

Die Anzahl der offenen Bugs pro 1000 Zeilen Code (Metrik 11) wurde mithilfe von GitHub ermittelt. Dazu wurde, wie in Abbildung 4 zu sehen, die Liste der offenen Issues nach dem Label *Bug* gefiltert. Demnach existieren 14 offene Bugs und 275 geschlossene Bugs. Bei 11852 Codezeilen ergeben sich 1,181 Bugs pro 1000 Codezeilen.

Die Metriken 12 bis 14 wurden mithilfe von ReSharper ermittelt. ReSharper fand 57 mögliche NullReferenceExceptions und 718 Prüfungen, ob ein Wert null ist. Gemäß der Formel aus Abschnitt 5.3 ergibt sich ein Anteil von 7,3 % an möglichen NullReferenceExceptions. Außerdem fand ReSharper 7 leere catch-Blöcke. Bei insgesamt 176 catch-Blöcken ergibt sich ein Anteil von 4,0 %.

Die Metriken 15 bis 21 müssen manuell eingeschätzt und begründet werden. Da der Quellcode des Microsoft Bot Builder SDKs bei GitHub verfügbar ist und gemäß der MIT-Lizenz auch verändert werden darf, ist es problemlos möglich, Änderungen am Code vorzunehmen.

Microsoft ermöglicht es, das Bot Builder SDK zusammen mit dem selbst erstellten Chatbot auf der Microsoft Cloud-Computing-Platform Azure zu hosten. Jedoch ist es auch möglich, den Chatbot auf einem beliebigen Windows Server System zu betreiben. Da jedoch das .NET Framework vorausgesetzt wird und Linux nicht unterstützt wird, ist man bei Chatbots, die mit C# entwickelt wurden, auf Windows festgelegt.

Chatbots können in Chinesisch, Deutsch, Englisch, Französisch, Italienisch, Japanisch, Portugiesisch und Spanisch erstellt werden [11]. Andere Sprachen, wie z. B. Russisch, sind nicht möglich. Somit sind die wichtigsten Sprachen der westlichen Welt abgedeckt.

Microsoft bietet zu dem Bot Builder Framework eine ausführliche Dokumentation an [8]. Darin wird erklärt, wie man einen Chatbot erstellt, testet und veröffentlicht. Darüber hinaus gibt es fertige Chatbots, mit denen experimentiert werden kann.

Microsoft nennt keine besonderen Anforderungen an die Hardware. Softwareseitig wird ein Windows-Betriebssystem mit installiertem .NET Framework 4.7 vorausgesetzt. Die Installation kann über das Paketverwaltungssystem NuGet erfolgen [13].

Das Microsoft Bot Builder SDK bietet standardisierte und dokumentierte Schnittstellen zu Cortana, Skype, Facebook, Slack, Telegram und anderen Diensten an [9].

Der Wechsel von der aktuellen Version 3 des Bot Builder SDKs zur zukünftigen Version 4 ist ohne große Hürden möglich. Dazu muss lediglich ein NuGet-Paket hinzugefügt und einige Namespaces angepasst werden [10].

8 Aggregation und Analyse

Die Aggregation der normalisierten Metrikwerte erfolgt für jeden der drei Qualitätsaspekte Wartbarkeit, Zuverlässigkeit und Portabilität anhand des Baums, der sich aus der GQM-Methode ergibt. Auf der Ebene der Fragen werden die einzelnen Metrikwerte, die die jeweilige Frage beantworten sollen, aggregiert. Dazu werden der Mittelwert, das Minimum und das Maximum der Metrikwerte ermittelt. Der Mittelwert gibt an, wie gut die Software bei der jeweiligen Frage abschneidet. Minimum und Maximum sind hilfreich, um die Stärken und die Schwächen der Software einfacher nachvollziehen und so Verbesserungspotenzial identifizieren zu können. Mithilfe des Minimums und des Maximums kann man außerdem erkennen, wie stark die Metrikwerte streuen. Die Aggregation auf Ebene des Ziels erfolgt auf die gleiche Weise wie auf der Ebene der Fragen.

Wie in Abschnitt 7.2 beschrieben, wurden die Metrikwerte auf eine Skala von 0,0 bis 1,0 normalisiert. Für die Analyse der Ergebnisse ist es wichtig, zu beachten, dass der ideale Wert 1,0 unter realistischen Bedingungen nicht erreicht werden kann. So gilt beispielsweise eine Comment Density von 20 % bis 40 % als ideal [16]. In der Normalisierungsfunktion in Abschnitt 7.2 wird jedoch angenommen, dass eine Comment Density von 30 % ideal ist, um die Normalisierungsfunktion nicht unnötig kompliziert zu machen. Das bedeutet, dass eine Comment Density von 40 %, die eigentlich noch als ideal gilt, gemäß der Normalisierungsfunktion nur einen normalisierten Wert von 0,857 ergibt.

Abbildung 5 zeigt die Aggregation der Wartbarkeit gemäß der GQM-Methode. Die Abkürzungen entsprechen den in Tabelle 1 verwendeten Kürzeln. Der mittlere aggregierte Metrikwert ist mit 0,672 nicht perfekt, aber solide. Besonders positiv wirken sich die Metriken *Methods per Class* und *Fields per Class* auf die Wartbarkeit aus. Die Kommentardichte (*Comment Density*) wirkt sich mit einem normalisierten Wert von 0,704 ebenfalls positiv auf die Wartbarkeit aus. Allerdings ist die Kommentardichte mit 50,7 % trotzdem ungewöhnlich hoch. Die Metrik mit dem schlechtesten Wert ist *Coupling between objects* mit 0,422. Alle anderen Werte liegen zwischen 0,68 und 0,71.

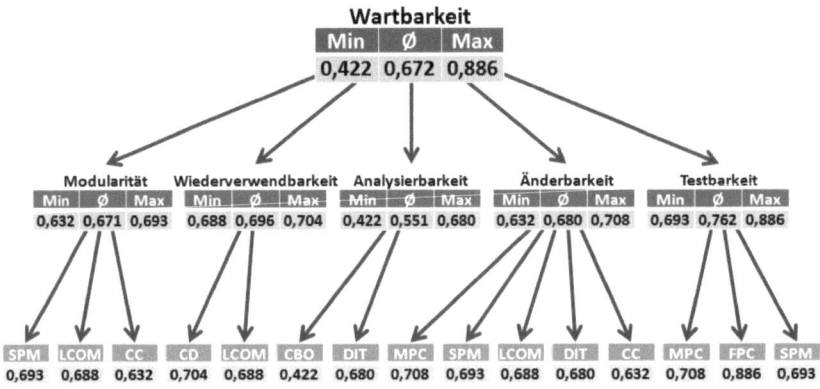

Abbildung 5. Aggregation der Wartbarkeit gemäß der GQM-Methode.

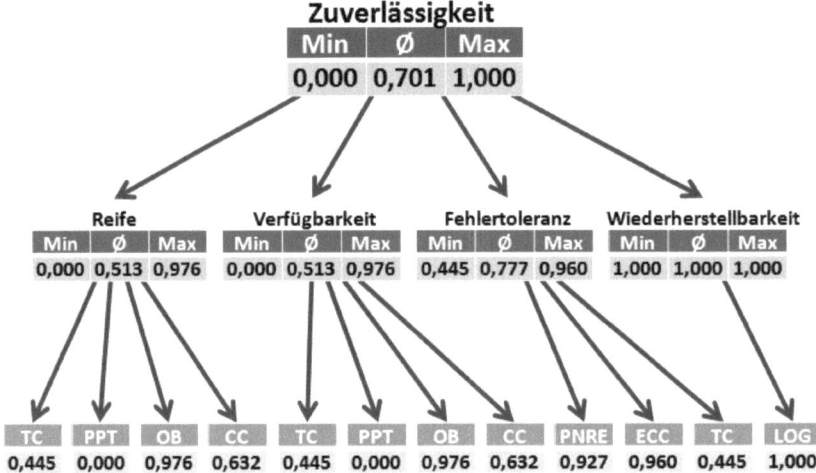

Abbildung 6. Aggregation der Zuverlässigkeit gemäß der GQM-Methode.

Abbildung 6 zeigt die Aggregation der Zuverlässigkeit gemäß der GQM-Methode. Der mittlere aggregierte Metrikwert ist mit 0,701 etwas besser als bei der Wartbarkeit. Durch das Schreiben von Logdateien ist die Wiederherstellbarkeit voll erfüllt. Auch die geringe Anzahl an möglichen NullReferenceExceptions (normalisierter Wert 0,927) und die geringe Anzahl an leeren catch-Blöcken (normalisierter Wert 0,960) wirken sich positiv auf die Zuverlässigkeit aus. Besonders positiv ist die geringe An

zahl an Bugs (normalisierter Wert 0,976) hervorzuheben. Schwächen zeigen sich jedoch vor allem bezüglich der Unittests. Die Testabdeckung ist mit 44,5% deutlich unter den typischen

60 % bis 90 %. Außerdem fiel beim Ausführen der Unittests auf, dass 15 Tests fehlschlagen. Die wahrscheinlichste Erklärung dafür ist, dass die Unittests nach der Durchführung von Änderungen am Code nicht nochmal ausgeführt wurden. Ansonsten wären den Entwicklern die fehlschlagenden Unittests aufgefallen und der Code bzw. die Testfälle wären entsprechend angepasst worden, bevor die Änderungen in den master-Branch gemerged worden wären. Auch die Clone Coverage ist zu hoch. Sie liegt mit 36,8 % deutlich über den typischen 5 % bis 15 %.

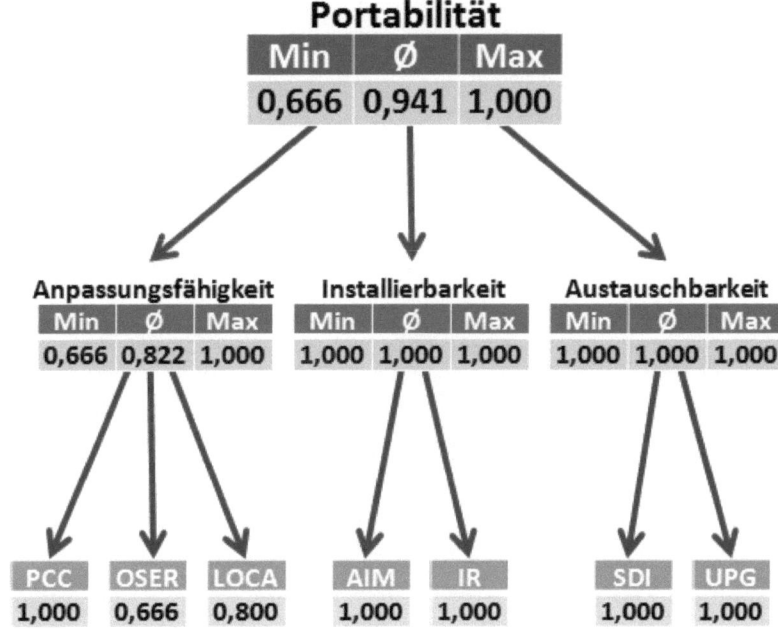

Abbildung 7. Aggregation der Portabilität gemäß der GQM-Methode.

Abbildung 7 zeigt die Aggregation der Portabilität gemäß der GQM-Methode. Die Ergebnisse sind im Allgemeinen weniger detailliert, da sie nicht von einem Werkzeug berechnet, sondern manuell eingeschätzt wurden. Die Portabilität ist mit einem mittleren aggregierten Metrikwert von 0,941 sehr gut. Die einzige Schwäche ist, dass ein Windows-Betriebssystem mit installiertem .NET Framework 4.7 vorausgesetzt wird und Chatbots, die mit C# entwickelt wurden, nicht auf anderen Betriebssystemen laufen können.

9   Zusammenfassung der Ergebnisse

Abbildung 8 vergleicht die aggregierten Metrikwerte der Wartbarkeit, der Zuver-lässigkeit und der Portabilität in einem Radardiagramm. Die dunkelblaue Fläche stellt die minimalen Metrikwerte, die hellblaue Fläche die maximalen Metrikwerte und die mittelbaue Fläche die mittleren Metrikwerte der drei Qualitätsaspekte dar.

Wie man an den durchschnittlichen Metrikwerten erkennen kann, hat das Microsoft Bot Builder SDK insgesamt eine gute bis sehr gute Qualität. Am besten schneidet das Microsoft Bot Builder SDK in der Dimension Portabilität ab. In den Dimensionen Wartbarkeit und Zuverlässigkeit zeigen sich jedoch einzelne Schwächen. Die Schwächen sind vor allem auf die Metrik *Coupling between objects* und die fehlgeschlagenen Unittests sowie auf die geringe Testabdeckung und die zu hohe Clone Coverage zurückzuführen.

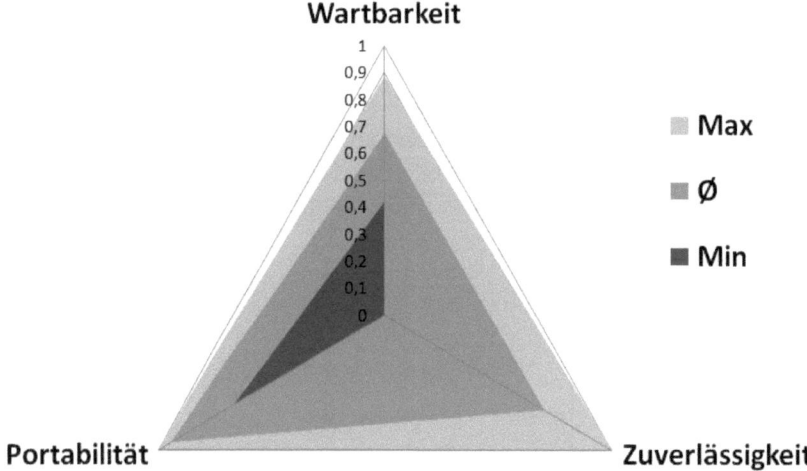

Abbildung 8. Radardiagramm des minimalen (dunkelblau), durchschnittlichen (mittelblau) und maximalen (hellblau) Metrikwerts in den Dimensionen Wartbarkeit, Zuverlässigkeit und Portabilität.

Abbildung 9 zeigt die Metrik *Coupling between objects* als Tree Map. Die Klassen, bei denen die Metrik einen besonders hohen Wert annimmt, sind rot dargestellt. Dies betrifft besonders die Klassen im Namespace Microsoft.Bot.Builder.FormFlow.Advanced (links oben) mit Werten von 82 bis 156 sowie die Klassen im Namespace Microsoft.Bot.Connector (mitte oben) mit Werten zwischen 174 und 245. Die Klassen im rechten Drittel der Tree Map sind Klassen, die Unittests enthalten und daher für die Analyse weniger interessant.

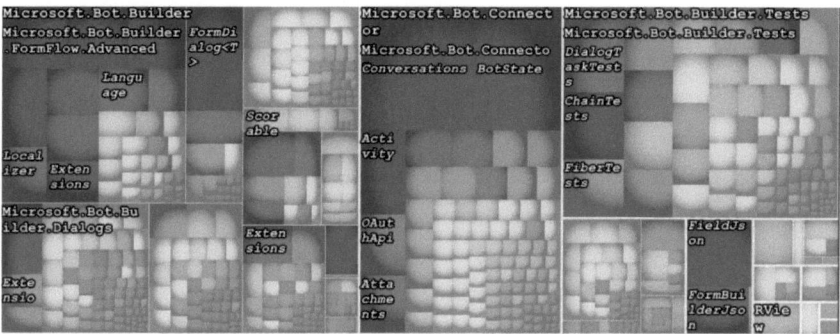

Abbildung 9. Coupling between Objects als Tree Map. Besonders hohe Werte sind rot, niedrige Werte grün und mittlere Werte gelb und pink dargestellt.

10 Verbesserungsvorschläge

Aufgrund der durchgeführten Qualitätsanalyse hinsichtlich der Qualitätsaspekte Wart-barkeit, Zuverlässigkeit und Portabilität lassen sich die folgenden konkreten Vorschläge für die Verbesserung der Softwarequalität ableiten:

1. **Optimierung der Unittests**

   Bevor Änderungen in den master-branch gemerged werden, sollte sichergestellt werden, dass alle Unittests erfolgreich sind. Außerdem sollte die Testabdeckung erhöht werden, um die Wahrscheinlichkeit unentdeckter Fehler im Code zu reduzieren.

2. **Reduzierung der Clone Coverage**

   Die Clone Coverage sollte reduziert werden, um die Länge des Codes nicht unnötig aufzublähen und den Änderungsaufwand zu reduzieren.

3. **Verringerung der Abhängigkeit zwischen den Klassen**

   Der zu hohe Wert der Metrik *Coupling between objects* deutet darauf hin, dass die Klassen zu stark voneinander abhängen. Hierbei sind insbesondere die Klassen in den Namespaces Microsoft.Bot.Builder.FormFlow. Advanced und Microsoft.Bot.Connector betroffen. Durch die Reduzierung der Abhängigkeiten zwischen den Klassen könnte die Analysierbarkeit verbessert werden, was sich positiv auf die Wartbarkeit auswirken würde.

11 Fazit

In dieser Qualitätsanalyse wurde die Qualität des Microsoft Bot Builder SDKs hinsichtlich der Qualitätsaspekte Wartbarkeit, Zuverlässigkeit und Portabilität untersucht. Dazu wurden zunächst das begutachtete System und das verwendete Qualitätsmodell beschrieben. Als Qualitätsmodell kam die Goal-Question-Metric-Methode in Verbindung mit den Qualitätsmerkmalen nach ISO 25010 zum Einsatz. Dazu wurde zu jedem der drei Qualitätsaspekte ein Ziel formuliert. Gemäß den Unterkategorien der Qualitätsaspekte wurden Fragen formuliert, die zur Bewertung der Zielerreichung verwendet wurden.

Anschließend wurden die eingesetzten Metriken vorgestellt, anhand derer die gestellten Fragen beantwortet werden können. Zu jeder Metrik wurde ein Zielwert bzw. ein Zielbereich angegeben, um später messen zu können, ob der Zielwert erreicht wurde. Nach der Vorstellung der Werkzeuge und Techniken, die zu Ermittlung der Metrikwerte verwendet wurden, wurden die gemessenen Metrikwerte in einer Tabelle dargestellt und normalisiert. Die Normalisierung war wichtig, um die Metrikwerte miteinander vergleichen zu können.

Am Ende wurden die normalisierten Werte gemäß der GQM-Methode aggregiert und analysiert sowie konkrete Verbesserungsvorschläge abgeleitet. Dabei zeigte sich, dass das Microsoft Bot Builder SDK insgesamt eine gute bis sehr gute Qualität aufweist. Verbesserungspotential besteht vor allem bezüglich der Unittests, der Clone Coverage und der Abhängigkeiten zwischen den Klassen.

Referenzen

1. Basili, V. R., Rombach, H. D.: The TAME project. Towards improvement-oriented software environments. In: IEEE Transactions on Software Engineering. Band 14, Nr. 6, S.758–773 (1988).
2. Code Metrics Viewer Blog: How to interpret received metrics results?, https://codemetricsviewer.wordpress.com/2011/06/26/how-to-interpret-received-results.
3. Embarc GmbH: Verbreitete Metriken und deren Bedeutung, https://www.embarc.de/wp-content/uploads/2016/02/Architektur-Spicker2-Quantitative-Analyse.pdf.
4. International Organization for Standardization: ISO/IEC 25010:2014 Systems and software engineering - Systems and software Quality Requirements and Evaluation (SQuaRE) - System and software quality models. Norm. 2014.
5. JetBrains: Resharper Visual Studio Extension for .NET Developers. https://www.jetbrains.com/resharper.
6. Lions, J. L., et al.: Ariane 5 flight 501 failure report by the inquiry board. Paris, Frankreich (1996)
7. McConnell, S.: Code Complete. 2. Auflage. Microsoft Press, Redmond, USA (2004).
8. Microsoft Azure: Azure Bot Service Documentation, https://docs.microsoft.com/en-us/azure/bot-service/bot-service-overview-introduction.
9. Microsoft Azure: Configure a bot to run on one or more channels, https://docs.microsoft.com/en-us/azure/bot-service/bot-service-manage-channels.
10. Microsoft Azure: How to run .NET SDK V3 bots in SDK 4.0, https://docs.microsoft.com/en-us/azure/bot-service/bot-builder-howto-classic.
11. Microsoft Azure: Support localization using LUIS apps in Azure, https://docs.microsoft.com/en-us/azure/cognitive-services/luis/luis-supported-languages.
12. Microsoft Bot Builder SDK auf GitHub, https://github.com/Microsoft/BotBuilder.
13. Microsoft Bot Builder SKD auf NuGet, https://www.nuget.org/packages/Microsoft.Bot.Builder.
14. Microsoft Developer Network: Codemetrikwerte, https://msdn.microsoft.com/de-de/library/bb385914.aspx.
15. Microsoft Developer Network: Findung Duplicate Code using Clode Clone Detection, https://msdn.microsoft.com/en-us/library/hh205279.aspx.
16. NDepend: Code Metrics Definitions, https://www.ndepend.com/docs/code-metrics.
17. NDepend: Why NDepend, https://www.ndepend.com.

Alle URLs wurden zuletzt am 13.07.2018 geprüft.

BEI GRIN MACHT SICH IHR WISSEN BEZAHLT

- Wir veröffentlichen Ihre Hausarbeit, Bachelor- und Masterarbeit

- Ihr eigenes eBook und Buch - weltweit in allen wichtigen Shops

- Verdienen Sie an jedem Verkauf

Jetzt bei www.GRIN.com hochladen und kostenlos publizieren